ULRICH SCHAFFER *ich feiere…*

ich feiere...

um mein Glück zu leben

ULRICH SCHAFFER

Fotokunst-Verlag Groh
Wörthsee bei München

Wörthsee bei München
Text, Fotos und Konzept: Ulrich Schaffer
Schriftgrafik/Umschlag: Friedrich Peter
ISBN 3-89008-771-X

Schon lange bin ich davon überzeugt, daß wir uns selbst arm und auch unglücklich machen, indem wir die Reichtümer in unserem Leben nicht bewußt wahrnehmen. Wir haben das Feiern verlernt, vielleicht weil wir meinen, nur das Große und Wichtige sei zu feiern oder weil wir uns auf das Fehlende konzentrieren und dabei nicht merken, was wir alles besitzen. Vielleicht ist unser inneres Auge blind geworden in den Pflichten, in der Hetze und Not unseres Lebens.

Das Feiern zu lernen, ist eine Frage der Bewußtmachung und des Aufmerkens. Je mehr ich in meinem Leben als selbstverständlich hinnehme, desto weniger habe ich zu feiern. Ich sehe weniger und werde unzufriedener. Ich kann es aber auch umkehren, indem ich meine Sinne wieder mehr einsetze, mich der Welt um mich zuwende, mir Zeit nehme und mich öffne für die Buntheit der Welt. In diesem Band kann ich nur ein paar Beispiele geben für die Dinge, Gedanken und Einstellungen, die zu feiern sein könnten. Letztlich muß jeder selbst diese Texte in und durch sein Leben schreiben. Das Glück mag gar nicht so weit weg liegen. Jeder von uns hat die Möglichkeit, es in neuen Lebensbereichen zu entdecken und das Feiern wieder zu lernen.

Ich feiere
die Herrlichkeit dieser Welt.
In einem Akt des Erwachens
begreife ich und begreife doch nicht,
wie dicht und erfüllt die Welt ist
und wie ich in ihr überhäuft werde mit Leben,
das sich endlos erneuert.

Ich feiere das Leben
in seinen unzähligen Variationen,
in seiner Erfindung und Entwicklung,
in Gedanken und Taten,
im Aufblühen und Vergehen,
in seiner Größe und Winzigkeit.

Ich bin ein Teil dieser Herrlichkeit,
ich nehme und gebe Anteil,
ich bin ein bewußtes Wesen,
das wahrnimmt und verarbeitet,
das sich selbst erkennt und sich mitteilt.
Ich bin reich über alle Worte hinaus
und teile mit dir, was ich teilen kann.

Ich feiere die Espen,
die mit ihrem Herbstgold
jedes Jahr neu den Himmel berühren.

Ihr Leuchten vor dem Tiefblau zu sehen
ist ein Fest für meine Augen.
Ich feiere, daß die Welt
durch meine Augen in mich eindringt
und mich verwandelt.
Über meine Augen und andere Sinne
werde ich ein anderer,
von Jahr zu Jahr.

Ich feiere die Espen, den blauen Himmel
und meine Augen, die beides sehen.
Ich bin glücklich
über meine Fähigkeit zu feiern,
zu staunen, zu genießen,
weil auch das mich zu einem Menschen macht.

Ich feiere den Mut der Menschen,
die in arme Länder gehen,
um zu heilen und zu helfen.
Die es nicht scheuen, ihre Gesundheit,
ihre Ruhe und Freiheit,
sogar ihr Leben aufs Spiel zu setzen,
um ihren Schwestern und Brüdern
Schwester und Bruder zu sein.
Die ihre Hände
von der armen zur reichen Welt strecken,
um eine Brücke zu schlagen.

Ich feiere die Kämpfer,
die mit Lebensmittelpaketen
und Medikamentsendungen
gegen die Unterdrückung der Armen kämpfen.
Ich feiere die Aufmerksamen,
denen die Menschen in der dritten und vierten Welt
nicht gleichgültig sind.
Ich feiere ihre Findigkeit,
aus dem wenigen, was ihnen zur Verfügung steht,
viel zu machen.
Ich feiere die Selbstlosigkeit,
zu der Menschen fähig sind.

Ich feiere die Sonne,
die 333 000 mal so groß ist
wie unser winziger Planet.
Ich feiere ihre glühende Stärke,
ihre 15 Millionen Grad Kelvin,
die bis zu uns reichen
und hier der kleinsten Pflanze
die Möglichkeit des Wachsens geben.
Ich feiere das Licht der Sonne,
das die Herrlichkeiten dieses Planeten
sichtbar macht.
Ich feiere die Wärme der Sonne,
die die Erde bewohnbar macht
und die ich auf meinem Rücken spüre,
auch jetzt noch
an diesem Spätsommertag.

Nichts Schöneres, als der Sonne stillzuhalten
und sie aufzunehmen in mein Wesen.
Und dann, erfüllt von ihr,
vielleicht selbst zu leuchten,
Wärme zu spenden
und Leben zu ermöglichen.

Ich feiere die Stille,
die mich wohltuend umgibt,
in der ich mich erneuere
und Wege zu mir,
zu Gott
und zu dir finde.

Ich feiere die Stille in Stille.
Ich bin
einfach
nur
da.

Ich feiere die alten Meister,
die mir als Lehrer dienen:
die Maler, die Denkerinnen,
die Erfinder, die Schriftstellerinnen,
die Bildhauer und Architekten.
Sie haben Schneisen in die Wildnis
unserer Vergangenheit geschlagen.
Ich kann ihnen folgen
und vielleicht hier und da
weitermachen und neue Wege bahnen.

Ich feiere ihren Mut, vorauszugehen,
sich nicht aufhalten zu lassen
von Widerwärtigkeiten, Verboten
und festgefahrenen Institutionen.
Ich feiere ihre erstaunliche Ausdauer,
gegen ein Weltbild, an das alle glaubten,
ein neues zu setzen
und der weiten Welt in ihnen
Ausdruck zu verleihen,
gegen die Enge der Zeit:
Pascal, Galilei, Hildegard von Bingen,
Kepler, Michelangelo, Teresa von Avila,
Meister Eckart, Jakob Böhme, Kierkegaard.

Ich feiere mein Gedächtnis.
Es hat mich reich gemacht.
Immer wieder neu führt es mir vor,
was ich erlebt habe und wer ich war.
Ich erinnere mich
an einschneidende Begebenheiten,
an kritische und glückliche Momente,
die mich verändert haben.
Ich feiere die Buntheit der Bilder in mir.

Durch mein Gedächtnis weiß ich,
wer ich bin.
Durch meine Erinnerung
gewinne ich Perspektiven
für mein ganzes Leben
und stelle fest, ob ich wachse.
Durch mein Gedächtnis
trage ich euch alle in mir.

Ich feiere das Verstehen des kleinen Kindes.
Es begreift die ersten Zusammenhänge,
lernt die Formeln, nach denen die Welt sich dreht,
und buchstabiert sich durch die Welt
mit ihren Rätseln.
Ich feiere das Verstehen der Oberschülerin,
die sich begeistert entscheidet,
die Welt zu verändern.

Ich feiere die Weisheit des alternden Menschen,
der sieht und hört und spürt, daß alles eins ist.
Der sich nicht vor Menschen und Gott versteckt
und dessen Trauer wie ein Motor ist
zur Entdeckung der Welt.
Der das Glück schon in dem Kleinsten entdeckt.

Ich feiere jede Art von Verstehen.
Ich feiere die Kraft des Denkens,
das Beziehungen zwischen allem herstellt.
Ich feiere die klare Logik,
das geistige Durchdringen,
das emotionale Begreifen.
Oft ist das Verstehen der Anfang der Liebe.

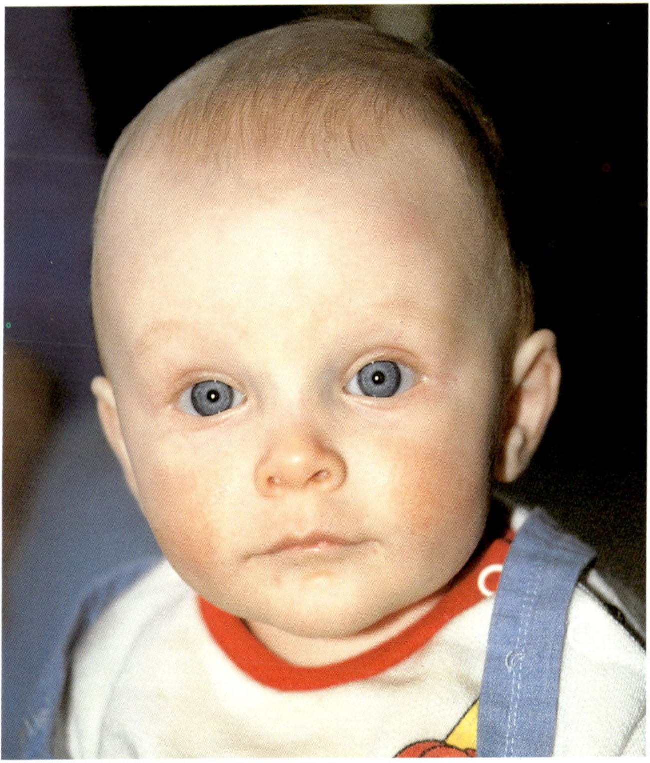

Ich feiere mein Grumman-Kanu
das mir die Wildnis erschließt.
Ich feiere das Vertrauen des Kindes,
das in die Arme des Vaters springt.
Ich feiere die Sonnenblumenkerne im Brot,
in das ich beiße.
Ich feiere den ersten Schnee
auf den gelben Nadeln der herbstlichen Lärchen,
oberhalb von La Punt-Chamues-ch.
Ich feiere das goldgelbe Fleisch der Zwetschgen.
Ich feiere das Erstaunen des Mannes,
dem seine Frau vergibt und den sie liebt.
Ich feiere die zwei jungen Schwarzbären,
zehn Meter hoch an dem weißen Stamm einer Espe.
Ich feiere die Rettungsmannschaft,
die den verletzten Kletterer
aus der steilen Wand holt.
Ich feiere die Überlandleitung,
die unsere Stimmen miteinander verbindet.
Ich feiere meinen alten Passat,
der die 20% Steigung
einer verlassenen Schotterstraße
in der Wildnis von British Columbia
gerade noch schafft.

Ich feiere das inbrünstige Gebet eines Kranken.
Ich feiere die Intelligenz des Genies,
das am Rande des menschlichen Wissens arbeitet.
Ich feiere die Stimme Leonard Cohens,
die bei einem Lied in Dunkelbraun aquarelliert.
Ich feiere die Fragen nach einer Lesung,
die aus einem reinen Herzen kommen
und die ich manchmal mit den Fragern teile.
Ich feiere die Verwegenheit des Denkers,
der keine Angst hat,
über das Ungedachte zu sprechen.
Ich feiere Gott,
auch wenn ich ihn schon lange nicht mehr
deutlich beschreiben kann.
Ich feiere die Revolutionäre der Liebe,
die begriffen haben, daß Liebe
die einzige Macht ist, die nicht zerstört.

Ich feiere dich und mich,
unsere Körper, unsere Sinne und Seelen
und den Geist, der uns beseelt,
und die unglaublichen Möglichkeiten,
die uns gegeben sind,
wenn wir wach und bewußt leben.

Ich feiere die Weisheit der natürlichen Welt,
die ohne Kalender und Uhren weiß,
welche Jahreszeit es ist.

Ich feiere den Bären, der weiß,
daß es Zeit ist für seinen Winterschlaf.

Ich feiere den Kolibri,
der, leichter als ein Luftpostbrief,
tausend Kilometer offenes Meer überquert,
um seine Winterheimat zu finden.

Ich feiere den Eisfall,
der zu einem Wasserfall wird
und dem Land beim Erwachen hilft.

Ich feiere die Krokusse,
die trotz des Schnees wissen,
daß die Erde jetzt von ihnen Farbe wünscht.

Ich feiere die Schwalben, die plötzlich
wieder da sind und in ihrer Leichtigkeit
und ihrem verwegenen Flug
mir Vorbild sind.

Ich feiere
die Weisheit des Körpers,
der seine Umwelt registriert und wahrnimmt.
Er wehrt sich gegen den Mißbrauch,
zieht sich zurück, wird krank,
um mich umfassender zu schützen.
Er meldet seine Bedürfnisse an
und läßt manchmal die Seele sprechen,
wenn er nicht gehört wird.

Ich feiere den Körper
in seinen vielen Begabungen.
Er ißt und verdaut.
Er arbeitet und ruht.
Er streichelt und liebt.
Er springt, läuft, balanciert und steht still.
Er hört, spürt, sieht, riecht und schmeckt.
Er reagiert, schmerzt und weint.

Ich feiere seine Beständigkeit.
Ich wohne nicht nur in ihm,
sondern ich bin mein Körper.
In ihm bin ich mir selbst nah.

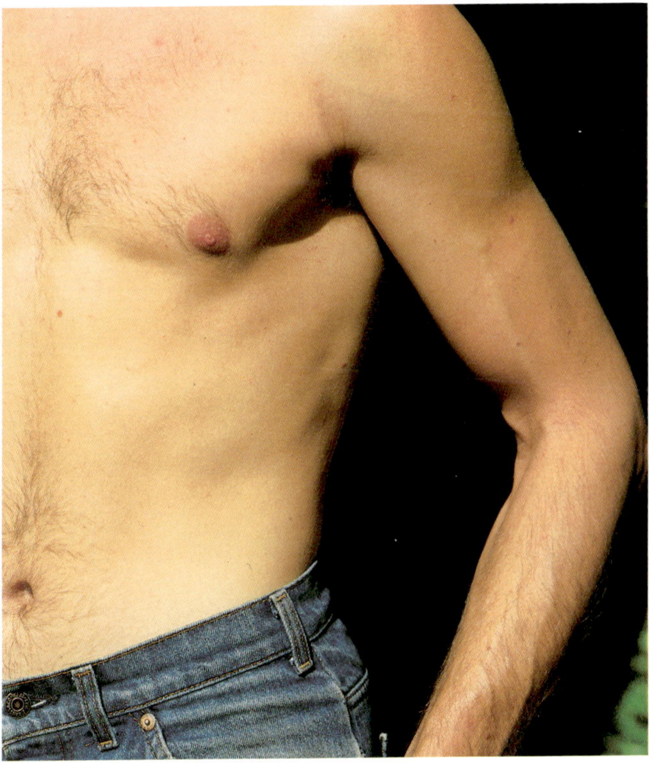

Ich feiere
die Empfindsamkeit der Seele.
Sie ist wie ein Musikinstrument
in meinem Inneren,
das nur dann nach außen klingt,
wenn es gehört und aufgenommen wird.

Ich feiere die Unterscheidungsgabe
meiner aufmerksamen Seele,
ihren Sinn für das Echte,
ihren Traum von Erfüllung,
aber auch ihre Angst
vor dem Schmerz des Wachsens
und ihre Unsicherheit im Neuen.

Ich bin meine Seele.
Ich werde zu den Schwingungen,
die ich aufnehme,
und was ich ausstrahle, bin ich auch.
Meine Seele ist durchblutet
von Sehnsucht, Schmerz und Glück.
Ich nehme sie ernst,
auch gerade in ihrer Unbegreiflichkeit.

Ich feiere den Geist
in seinen vielen Wünschen und Bestrebungen.
Er will die Welt verändern
und einen Himmel auf Erden schaffen.
Er hungert nach Erfüllung und wird nicht müde,
sich auszustrecken nach der Wahrheit,
die verborgen in der Wirklichkeit liegt.

Ich feiere seine Lebendigkeit
und seinen Kampf mit den eigenen Begrenzungen.
Ich feiere seine Entdeckungen und Erfindungen
im Makro- und Mikrokosmos,
in der sichtbaren und unsichtbaren Welt.

Ich feiere seine Ausrichtung auf Gott,
ob dieser Gott nun einen Namen trägt
oder einfach nur der Inbegriff des Lebendigseins ist.
Wortlos und bildlos kann der Geist
mit seinem Wesen beten.

Ich feiere die Energie des Geistes,
aufzustehen, standzuhalten, zu wagen,
sich zu verändern und zu erneuern.

Ich feiere mich selbst
mit meinen Begabungen und Fehlern.
Trotz meiner Unzulänglichkeiten
mag ich mich und lerne mich zu lieben.
Langsam verlerne ich den negativen Ansatz
meinem eigenen Leben gegenüber.

Ich feiere mein Drängen
nach einem sinnvollen Leben.
Ich feiere meine Denkfähigkeit,
auch wenn sie begrenzt ist
und ich manches nicht verstehe.
Ich feiere meinen Wunsch, echt und wahr zu sein,
auch wenn ich mich manchmal täusche.
Ich feiere mein Durchhaltevermögen,
in den verfahrenen Situationen nicht aufzugeben
und von der Hoffnung getragen zu sein.
Ich feiere meine Sehnsucht, zu fliegen,
innerlich und äußerlich die Grenzen zu sprengen,
die mich halten und klein machen.

Ich feiere mich als Geschöpf und als Schöpfer,
gebunden und doch frei.

ZEP

Ich feiere die Möglichkeit der Entwicklung.
Ich muß nicht da stehenbleiben, wo ich bin.
Ich kann weitergehen, weiterdenken, weiterglauben.
Ich kann die Enge verlassen,
die mir einmal wie Weite erschien,
in der ich jetzt aber verkümmern würde,
wenn ich bliebe.

Ich feiere die neuen Erkenntnisse,
ich feiere die unbetretenen Wege,
ich feiere die ungedachten Gedanken,
ich feiere die mir bisher unbekannten Freunde,
ich feiere die Bücher, die weiterhelfen,
ich feiere die vernachlässigten Gefühle,
ich feiere die inneren Zusammenhänge,
denen ich mich bisher verschlossen hatte.

Ich feiere die weit offene Welt,
die von mir entdeckt werden will.
Ich feiere die Himmelsrichtungen,
die mich locken, alte Wege zu verlassen
und neue zu wagen, wenn auch mit Angst.

Ich feiere, daß ich Gott genüge
und mich nicht erst verändern muß,
um von ihm geliebt zu werden.
So wie ich bin, ist es gut.
Das befreit mich,
Veränderung zu wagen.
Ich feiere den Raum der Entfaltung,
der mich einlädt.

Ich feiere den größeren Kontext,
in dem es nicht um meine Schuld geht,
sondern um mein Wachstum.
Ich stehe nicht vor Gericht,
sondern vor dem Lebendigen,
der wünscht, daß ich lebe,
reich und bunt.

Gott, Ermutiger und Befähigerin,
Mitleidender und Freundin,
Fürsorgende und Herausfordernder,
Geist und Geistin
in dem herrlichen Chaos
und der befreienden Ordnung
meines und allen Lebens.

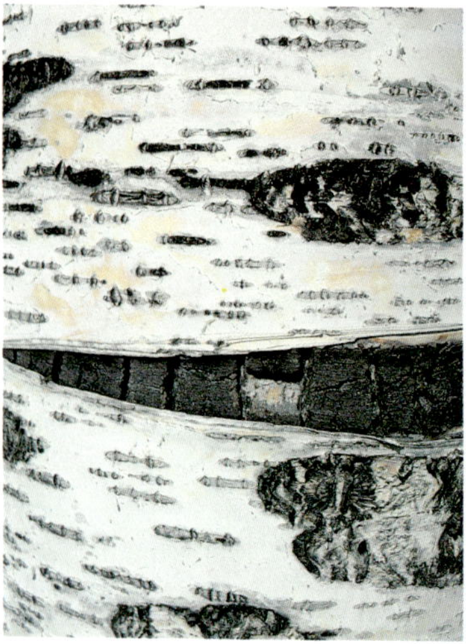

Ich feiere die Schöpferkraft des Menschen.
Aus einer unausschöpflichen Quelle
tief im Menschen kommen Bilder, Töne,
Worte, Bewegungen, Formen,
die diesem Inneren Gestalt geben.
Mit Pinsel, Stimme, Bleistift,
mit den Muskeln und Sehnen des Körpers,
mit Hammer und Meißel wird eine Welt sichtbar,
die viele von uns unaussprechbar
in uns gesehen haben.
In einem Akt des Zaubers
steht sie vor uns und ist greifbar
und wird darum begreifbar.

Aus der Suche nach Ausdruck
entstehen neue Bildersprachen, Symbole,
Melodien und Bewegungen,
in die sich die Seele geben kann.
Es wachsen Gesichter aus Felsen,
und der Körper hebt einen Moment lang
die Anziehungskraft der Erde auf.
So wird das Unsichtbare sichtbar.
So finden wir uns besser zurecht
in den Rätseln des Lebens.

Ich feiere die Möglichkeiten,
die in jeder echten Beziehung stecken.
Ich feiere unsere Beziehung ganz besonders.
Wir können uns auf einer Ebene begegnen,
wo ich manchmal nichts von mir
ausklammern muß
und ganz ich selbst sein kann.

Ich feiere den geschützten und manchmal
angstfreien Raum unserer Liebe.
Weil wir die Entscheidung getroffen haben,
zueinander zu stehen,
brauchen wir nicht jede Unstimmigkeit zu fürchten.
Ich feiere unser Zueinander-Gehören,
ohne einander zu gehören.
Ich feiere unsere Rücksichtnahme,
ohne daß wir uns füreinander verbiegen.
Ich feiere, daß wir unabhängig voneinander sind,
ohne uns jedoch gegenseitig zu verlassen.

Ich feiere unsere Unterschiedlichkeit.
Was du verstehst, ist mir fremd,
und was ich denke, kannst du manchmal nicht fühlen.
Du siehst etwas anderes, wenn wir spazierengehen,
und wenn ich noch meinen Gedanken nachhänge,
bist du in deinem Denken schon weitergegangen.
Was ich oben nenne, erlebst du alles unten.

Und doch wären wir ärmer ohne einander,
und ohne dich würde ich die weniger verstehen,
die so sind wie du.
Du öffnest mir die Tür zu vielen Menschen.

Ich feiere
unsere älter werdenden Gesichter,
die zunehmenden Falten,
aber auch die Reife.
Es ist schön, älter zu werden
und zu wissen, daß nichts umsonst war.
Daß die Zeichen,
die das Leben auf der Haut hinterlassen hat,
Türen ins Neue geöffnet haben.

Die Falten sind Auszeichnungen.
Du bist schön in deinem Älterwerden,
nicht den Schönheitsidealen
unserer Gesellschaft entsprechend,
aber weil dein Leben
auf deinem Gesicht lesbar ist:
ein Gedicht, ein Drama, ein Roman.

Ich feiere deine Standhaftigkeit
und deine Entschiedenheit,
an unsere Beziehung zu glauben,
auch wenn ich dir mit meiner Kurzsichtigkeit
und meinem dir unverständlichen Handeln
manchmal den Glauben fast austreibe.

Und ich feiere auch meinen Einsatz
und meine Unverwüstlichkeit.
Ich gebe nicht auf und beginne
immer wieder von neuem,
auch wenn ich fast an dir verzweifle.

Ich feiere unsere Vorsicht,
mit der wir einander manchmal begegnen
und uns gegenseitig einen neuen Start geben,
wenn wir Luft holen
in unserem schönen schweren Kampf.

Ich feiere unser beider Energie
zum Leben hin.

Ich feiere unsere gemeinsame Vergangenheit.
Wir sind reich an Erinnerungen und Erlebnissen.
Abertausend Ereignisse geben unserem Leben
Festigkeit und Beständigkeit,
die nicht mehr wegzudenken sind.
Worte sind erfüllt von Glück und Schmerz.
Orte tragen Bedeutung.
In unseren Bewegungen erkennen wir einander.
Bücher sind unsere gemeinsamen Begleiter gewesen,
und Menschen haben wir zusammen
in unser Leben aufgenommen,
haben an ihnen gelitten
und uns von ihnen beflügeln lassen.
Vieles hat an Gewicht zugenommen,
weil wir es geteilt haben.

Ich habe versucht,
mich einzupassen und um dein Leben herumzulegen,
ohne dabei meine Identität zu verlieren,
und du hast Ähnliches getan.

Wir kennen einander
und sind doch weiter unterwegs
auf neuen Glücksspuren hin zu neuen Wagnissen.

Ich feiere die Sprachlosigkeit,
mit der wir uns manchmal verständigen.
Ein Blick, eine erfüllte Stille,
eine kurze Bewegung, sie genügen.
Es ist ein inneres Hören,
ein Aufmerken und Wahrnehmen
auf dem Hintergrund von Jahren des Hörens.

An guten Tagen sind wir einander
mit unserem ganzen Wesen zugewandt,
und Worte kämen nur in die Quere
in dieser Kommunikation.
Ich feiere die Wortlosigkeit,
die alle Worte in sich trägt.

Heute feiere ich nicht
die bekannten Sehenswürdigkeiten der Welt,
nicht die Traumstraßen,
die man gefahren sein muß,
nicht die unerhörten Begebenheiten,
nicht die fremden Länder
mit ihren überraschenden Bräuchen.

Ich feiere nicht die Weltrekorde,
nicht die unvorstellbaren Leistungen,
nicht die Schnelligkeit, das Bestaunenswerte,
ich feiere nicht die Höhe, Größe und Weite.

Ich feiere dich
mit deinem kleinen Stück Leben,
mir vertraut und doch voller Überraschungen.
Ich feiere die Vertrautheit
und das Vertrauen zwischen uns.
Ich feiere deine Langsamkeit,
deine Überlegungen, dein Zögern.
Ich feiere deine Unsicherheit,
deine Trauer, dein Zweifeln,
deine Alltäglichkeit,
die dich menschlich macht.

Ich feiere unsere unbekannte Zukunft,
unsere Entwicklungsmöglichkeiten.
Wir sind nur festgelegt, wenn wir es glauben.
Vieles ist noch weit und offen für uns.
Ich feiere unser Wachstum, unsere Verwandlungen,
die noch auf uns warten.

Jeder Tag ist voller Chancen.
Von den großen bis zu den ganz kleinen Dingen,
von einer inneren Umkehr
bis zur kleinsten Bewegung, die Mut gibt,
entscheiden wir, wie wir leben wollen.

Ich feiere die Offenheit des bewußten Lebens,
die Freiheit, Neues zu denken
und tote Muster zu verlassen.
Ich feiere die Entfaltung,
die Bewegung, das Weitergehen.

Kommst du mit in eine Zukunft,
die wir beide noch nicht kennen?

D-NTNK

Grunderfahrungen des Menschseins

Diese Bücher befassen sich mit den Grunderfahrungen des Menschseins: Suchen, Wagen, Staunen – Leiden, Hoffen, Lieben – Feiern, Träumen, Kämpfen. Es vergeht kaum ein Tag, an dem wir uns nicht in ihrem Bereich bewegen. Ich habe versucht, ihre Inhalte in Worte zu fassen, sie greifbarer zu machen, bewußter mit ihnen umzugehen.

Was suchen wir eigentlich? Was gilt es zu wagen, damit wir erfüllter leben können? Wie können wir lernen, die Welt um uns wieder zu feiern? Wovon träumen wir, und gelingt es uns, diese Träume zu verwirklichen, oder leiden wir nur unter ihnen?

In dieser Buchreihe will ich versuchen, das, was wir oft nur unklar in uns fühlen, sichtbar werden zu lassen. Ich hoffe, daß sich Leserinnen und Leser in manchen dieser Gedanken wiedererkennen und so sich selbst und andere besser verstehen lernen.

Meine Fotos sollen dazu beitragen, diese Wege ins eigene Leben und Denken besser zu finden. Bilder sprechen manchmal direkter als Worte.

Der Aufbau eines jeden Bandes dieser Buchserie ist so, daß in der ersten Hälfte die allgemeinen Texte zu finden sind, während sich die Texte der zweiten Hälfte auf die Beziehungen zwischen zwei Menschen konzentrieren.

Ich wünsche meinen Leserinnen und Lesern – ob sie nun nur einen Text, einen Band oder die ganze Serie lesen und betrachten, daß sie sich selbst dabei ein wenig näherkommen und ermutigt werden, aktiver an der Gestaltung ihres eigenen Lebens mitzuwirken.

Ulrich Schaffer

Ulrich Schaffer wurde 1942 in Pommern geboren, wohnt aber schon seit 1953 in Kanada. Nach dem Studium arbeitete er von 1970 bis 1981 als Dozent für europäische Literatur an einem College bei Vancouver. Seit 1981 ist er freiberuflich Schriftsteller und Fotograf. Er ist verheiratet und hat zwei Töchter.

Es gibt von ihm fünfzig Bücher, von denen zwanzig Bildbände sind. Die Gesamtauflage seiner Bücher beträgt inzwischen weit über eine Million.

Ulrich Schaffer ist meistens zweimal im Jahr zu Lesungen in Europa, weil es ihm wichtig ist, den direkten Kontakt mit seinen Lesern zu halten.

Ulrich Schaffer schreibt aus seinem Erleben heraus und reicht so in das Erleben anderer hinein. Ihm geht es immer wieder um die Fragen, die die meisten Menschen bewegen: Was ist der Sinn? Wie kann ich lebendig leben? Wie finde ich den Weg zum andern? Diese Buchserie ist ein Ausdruck der Beschäftigung mit solchen Fragen. Bis jetzt sind folgende Titel erschienen:

ich suche...	*Zum Herzen des Lebens vordringen*
ich wage...	*Etwas einsetzen, um Leben zu gewinnen*
ich staune...	*Das Wunder des Lebens entdecken*
ich leide...	*und entdecke die tiefere Bedeutung*
ich hoffe...	*und verschlossene Türen tun sich auf*
ich liebe...	*und die Welt entfaltet sich*
ich feiere...	*um mein Glück zu leben*
ich träume...	*um meine tiefen Wünsche zu spüren*
ich kämpfe...	*für eine bessere Welt*